I. n 27
15857

AF268194

À mon ami le Dr Che…

JEAN PASSERAT

CHAPITRES INÉDITS

D'UN DE SES OUVRAGES
ÉTABLISSANT SES VÉRITABLES OPINIONS RELIGIEUSES
ET POUVANT SERVIR DE SUITE AUX ÉDITIONS LES PLUS COMPLÈTES

DE LA SATYRE MÉNIPPÉE

PRÉCÉDÉS D'UNE ÉTUDE SUR LA VIE DE L'AUTEUR

PAR

LOUIS LACOUR

Archiviste-paléographe

Tiré à 60 exemplaires

PARIS

AUGUSTE AUBRY, LIBRAIRE
RUE DAUPHINE, 16

1856

BIBLIOTHÈQUE NATIONALE — IMPRIMÉS. Collon RISTELHUEBER N° 5249

SOMMAIRE

ÉTUDE

SUR

JEAN PASSERAT

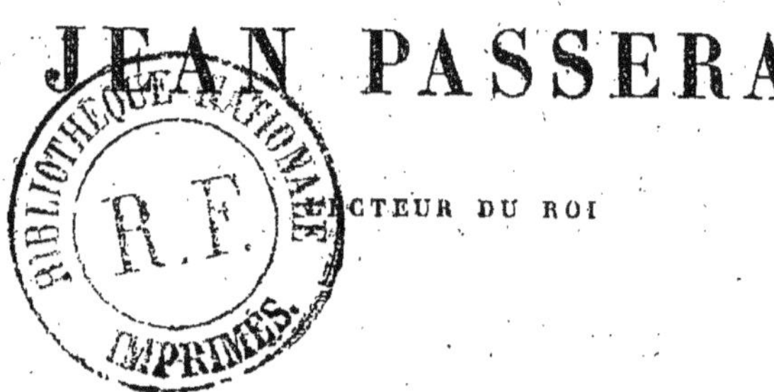

LECTEUR DU ROI

BIBLIOTHÈQUE NATIONALE R. F. IMPRIMÉS

———

Henri IV, entrant vainqueur dans Paris, reconnut, dit-on, qu'un simple livre avait plus contribué à son triomphe que la valeur de ses troupes. C'était la *Satyre Menippée*, dont les auteurs, aujourd'hui presque oubliés, ont joué un rôle notable dans l'histoire de leur temps. Passerat, Pithou, Rapin, Chrétien, Leroy, ne sont pas seulement des poëtes; leurs bons mots ont assis une dynastie, et pourtant combien peu sont instruits de leur existence ! S'ils étaient plus universellement connus, cette question, que l'on se pose encore chaque jour, la *Satyre Menippée* a-t-elle pour auteurs des catholiques ou des protestants? ne serait point irrésolue.

Nous ne prétendons point que les pièces qui vont suivre soient le dernier mot de la discussion; mais elles apportent un argument de quelque valeur à ceux qui regardent le célèbre pamphlet comme une des plus brillantes productions des partisans de la réforme religieuse au XVIe siècle.

Jean Passerat naquit à Troyes d'une bonne famille bourgeoise, au mois d'octobre 1534. Son père, homme instruit, vivait dans la retraite après une vie fort agitée, non pas qu'il se fût enivré des vains plaisirs du monde; mais il s'était laissé entraîner sous de lointains climats par cette passion qu'éprouvent dès leur jeunesse pour les voyages tous les esprits véritablement amoureux de la science. S'il n'eût pas eu le malheur de perdre un si précieux soutien, Jean Passerat, sans nul doute, aurait fait à son école de rapides progrès. La férule d'un vieil abbé lui tint lieu des conseils paternels : après quelques mois d'un cruel apprentissage, il s'enfuit, et jetant à la Loire les malheureux livres, cause de ses tourments, alla demander asile à un pauvre artisan qui l'hébergea par charité, et puis le ramena à son oncle. La vive inclination qu'il se sentit alors pour l'étude ne le quitta plus. Il n'est pas sorti des bancs de l'école qu'on l'appelle à Paris pour professer au collége du Plessis, puis à ceux du cardinal Lemoyne et de Boncourt où une foule d'éminents personnages vient l'écouter. Mais il sent le besoin d'acquérir des connaissances plus étendues, et passe deux ou trois années à étudier le droit à Bourges sous la direction du docte Cujas et à voyager en Italie et en France. Il revient par Epernay à l'époque où le prince de Condé assiégeait cette ville ; les principaux citoyens, à qui son éloquence était connue, le conjurent d'arrêter le désastre dont ils sont menacés : il les écoute et se rend près du prince, qui s'éloigne à ses sollicitations. Cependant il rentre à Paris, professe encore quelque temps dans un amphithéâtre secondaire et voit enfin ses souhaits exaucés. On le nomme professeur royal, et son protecteur, Henri de Mesmes, lui donne asile dans sa maison. Heureux temps où par quelques quatrains un poëte payait amplement l'hospitalité qu'une famille noble et riche lui accordait ! Trente et un ans Passerat habita l'hôtel de Mesmes, c'est-à-dire jusqu'à sa mort, car c'est là qu'il rendit le dernier soupir le 12 septembre 1602, travaillé par des douleurs si grandes qu'elles arrachèrent à Rapin cette exclamation : « Nous qui avons vu Passerat à peine vivant de la moitié de son corps, nous ne pouvons dire qu'il est à présent mort, disons plutôt qu'il a cessë de mourir ! » Le malheureux, en effet, avait perdu un œil dans sa jeunesse, et s'était senti frappé, quelques mois avant d'expirer, d'une complète paralysie de la vue et de tous les membres. Si encore ces maux eussent été les seuls ! Mais il n'était pas à l'abri du besoin, et les privations qu'il fallait endurer étaient pour lui la cause de fréquents chagrins ; écoutez cette *Plainte :*

« Si tant j'eusse enseigné dans un pays estrange,
Je serois plein de biens, et comblé de louange...
Que ne me fit mon père en autre escole apprendre
La science aux escus, de compter et de prendre !
Riche et heureux je fusse en ce siècle doré,
Où l'or commande à tout et seul est adoré :
Je fusse sain de corps et n'eusse pas perdue
A l'estude, sans fruit, ma jeunesse et ma vue.
En me couchant bien tard, en me levant matin,
J'appris, sot que j'étais, du grec et du latin
Pour après enseigner aux autres ces langages,
Dont rien ne me revient, sinon un peu de gages,
Avec le nom vain de quelque pension.....
Que l'on rogne de reste, et retranche, et recule,
Qu'elle ne suffit pas à nourrir une mule. »

Comment s'accomplissait donc la volonté de Henri IV, qui avait dit en rentrant à Paris : « J'aime mieux qu'on diminue ma dépense, et qu'on ôte de ma table pour payer mes lecteurs. »

Il serait trop long d'énumérer ici tous les travaux du célèbre professeur (1) : citons seulement parmi les plus recommandables ses *Poésies latines et françaises*, publiées par lui-même en 1602, et rééditées avec de nombreuses additions en 1606 ; ses *Præfationes et præfatiunculæ*, recueil de ses principales leçons, mis au jour par son neveu Rougevalet ; ses *Conjectures ou manières d'interpréter différentes difficultés des anciens auteurs*, etc., etc. Il avait un grand amour pour le travail, ce qui explique la quantité d'ouvrages qu'il a écrits (2) ; on l'a surpris passant des journées entières à son bureau sans boire ni manger, et jusque dans les plus terribles phases de sa dernière maladie, il avait conservé assez de force pour dicter à son neveu des épigrammes pleines d'esprit, entre autres son épitaphe qui finissait ainsi :

« Amis, de mauvais vers ne chargez point ma tombe. »

En effet, pouvait-il les aimer, les mauvais vers, cet écrivain charmant, pur, délicat, dont Regnier a dit :

> « Passerat fut un Dieu sous humaine semblance
> Qui vit naître et mourir les Muses en la France,
> Qui de ses doux accords leurs chansons anima :
> Dans le champ de ses vers leur gloire fut semée
> Et comme un mesme sort leur fortune enferma,
> Ils ont, à vie égale, égale renommée. »

Comme poëte et orateur latin, Passerat domine son époque : il a parlé avec la plus grande pureté la langue de Cicéron et de Virgile, employant chaque mot dans son véritable sens, si bien, a-t-on fait déjà remarquer, que s'il avait vécu il y a mil huit cents ans, ce qu'il a dit et écrit aurait obtenu les applaudissements de ses contemporains. Et, ce qu'il y a de curieux, c'est que, eu égard au temps, il est également bon poëte français ; ses vers marchent droit à leur but, sans détour ni recherche, une expression claire y sert d'interprète à une pensée toujours précise, enfin, chacun de ses morceaux forme un tout plein d'intérêt d'esprit ou de sentiment : « Il a si purement écrit, dit Ronsard, qu'il me fait désespérer de voir jamais notre langue en plus haute perfection. » Passerat prit une grande part à la *Satyre Menippée* : c'est à cette collaboration qu'il doit surtout de n'être point tout à fait oublié. Nous ne reviendrons pas sur ce livre célèbre, disons seulement que nos recherches nous ont fourni la

(1) Ceux qui désireraient de plus amples détails pourront recourir à l'édition des *Œuvres poétiques françaises* de Jean Passerat, que nous donnerons prochainement.

(2) La plupart existent encore manuscrits à la Bibl. Imp.

preuve convaincante que tous les vers en ont été écrits par lui, à l'exception de la charmante pièce sur l'âne ligueur, et de deux quatrains composés par Rapin (1). Nous y renvoyons nos lecteurs : ils pourront faire de curieux rapprochements entre cet ouvrage et les traités inédits que nous allons publier.

Me voici arrivé au point le plus important de ma tâche : prouver que Passerat avait embrassé les idées de la Réforme. Si je n'avais eu en main que ses œuvres imprimées, il ne m'eût pas été facile d'arriver à ce but. A part ce qu'on sait déjà plus ou moins, son influence sur l'esprit de Henri de Bourbon au siége d'Epernay, ses relations connues avec de Bèze, son premier discours (2) au Collége royal après la réduction de Paris où, sous le nom de jésuites, il flagelle et ces religieux et les prêtres catholiques qui avaient déshonoré le sacerdoce, en prenant une part active aux troubles et aux honteuses folies de la Ligue, je n'aurais eu pour toute preuve que les poésies fort anodines de la *Satyre;* quand je rencontrai plusieurs manuscrits fort importants. Dans l'un (3) se trouvaient des pièces de vers, celle-ci entre autres :

« Ce nom de huguenots qui le vulgaire estonne
C'est un mot fantasticque à plaisir invanté.....
Ceux à qui tel surnom vulgairement se donne
Détestent le mensonge, ayment la vérité.....
De leur certaine foy l'evangille est l'appuy :
Ils croyent en Jésus, ils vont à Dieu par luy,
Se proposent les sains pour imiter leur vie.
Tels sont les huguenots blasmés du monde à tort.
Mais ceste raison seule à souffrir les convie ;
C'est que jamais le monde avec Dieu n'est d'accord. »

(1) Les éditions du siècle dernier ont ajouté un ou deux sonnets extraits de Ronsard et d'un autre recueil.

(2) En voici un passage extrait d'une traduction faite à Troyes vers 1820 :
« Des furies à visage humain ont osé — quelle horreur ! — envahir les lieux saints, et lancer leurs déclamations en présence d'hommes véritablement sacrés ; elles ont engagé tous les bandits à courir aux armes ; elles ont prêché le meurtre, l'incendie, le pillage des villes et des champs, et la ruine de leur pays. La dernière heure allait sonner ; les funérailles de la France s'apprêtoient ; déjà, comme des fils qui pleurent leur mère, nous suivions en deuil le convoi funèbre vers le bucher alimenté par les torches de la guerre civile. Henri IV apparut : il tendit à la France une main pour la relever. Nous devons nous rappeler de quelle manière ces vagabonds, plus errans que des Scythes, et qui se recommandoient au public en lui promettant une instruction gratuite, se sont emparés de ce lieu, et, contre la volonté des dieux, sont parvenus à s'asseoir sur les bancs universitaires ; par quels artifices ces gens avides de richesses ont trompé les riches orphelins, les célibataires, les vieillards caducs, les femmelettes superstitieuses et les jeunes gens sans expérience : comment ils ont su les métamorphoser presque subitement, comme s'ils les eussent enivrés à la coupe de Circé. »
Il est à remarquer qu'en 1601, le célèbre ministre Daniel Chamier avait déjà reproduit ce discours. Voyez ses *Lettres jésuitiques*, p. 14.

(3) C'est le Mss. Dupuy, 843 (Bibl. Imp.), *passim*.

Dans l'autre (1) je vis deux traités essentiellement politiques et religieux, où se retrouvaient à un haut degré l'originalité et la verve caustique des rédacteurs de la *Satyre Menippée* : j'eus l'idée tout d'abord d'en faire des extraits et d'y joindre une dissertation ; mais il me sembla ensuite que la simple lecture de ces ouvrages suffirait et au delà à convaincre les gens de bonne foi des opinions religieuses du célèbre professeur ; je les imprime donc textuellement à la réserve de quelques longueurs ou redites.

I.

DÉFENSE DE HENRY IV.

Après la mort du roi dernier, procurée par la *clémence* (2) de la Ligue, les princes, officiers de la coronne, seigneurs, gentilshommes et, en somme, toute la vraie noblesse de France, assemblée devant Paris pour réduire les rebelles à l'obéissance de Sa Majesté, ont tous reconnu, d'un commun accord et consentement, le roi de Navarre vrai et légitime roi de France, et à tel luy ont presté le serment (3).

En quoi ils ont suivi et le jugement du feu roi, qui peu avant sa mort le reconnut son successeur, et leur propre conscience, avec l'ancienne coutume et inviolable loi de cest estat, par laquelle le roi mourant, la coronne passe au mesme instant à celui qui lui estoit le

(1) On le conserve parmi les Mss. de Colbert à la Bibl. Imp. sous le n° $\frac{10,839}{2.2}$. Il est intitulé *Défense de Henry IV*, et est écrit tout entier de la main de Passerat. Outre les deux ouvrages dont nous parlons, il contient des réflexions de l'auteur sur ses lectures ; le passage suivant en fera connaître l'esprit :

« En la prose faicte par S. Thomas d'Aquin qu'on chante à la messe du sainct sacrement, il semble qu'il soit d'accord avec les Huguenots, quand il dict : « Sub diversis speciebus, signis tantum, et non rebus, latent res eximias. »

La *Défense de Henry IV* fut écrite pendant l'hiver de 1592, à la même époque que la *Satyre*.

(2) Allusion au nom de l'assassin de Henri III.

(3) Le roi a été reconnu par messieurs les cardinaux, par la fleur des archevesques, évesques et prélats qui représentent le clergé de France et l'Eglise gallicane, non pas un tas de Mestres-Jeans qui aiant chassé de Paris le cardinal de Gondi leur évesque, ont pour leur pontife un vice du légat, je voulois dire vice-légat, et un évesque qui a couru et court les rues. Ce qui me fait souvenir d'une rencontre du feu roi laquelle n'est pas mal à propos. Il avoit esté en masque à un caresme-prenant presque toute la nuit, qui le feit dormir plus que de coutume le lendemain, tellement qu'il n'assista point à la prédication. Si tost qu'il fut levé on lui rapporta que cette sage teste, qui lors estoit son prescheur, l'avoit despesché en son sermon. « Vraiment, dit-il, il a grand tort, nous l'avons laissé courir les rues cinq ou six sepmaines, et il ne nous veult pas permettre de nous proumener un tout seul jour. »

Tels sont les prélats de la ligue qui n'approuvent pas le roi ! (*Note de Passerat*.)

plus prochain, et que nous appellons le premier prince du sang......
Nous avons monstré que le roi de Navarre est roi et légitime roi de
France, reconnu pour tel par les bons François et catholiques, et
parvenu miraculeusement à la coronne par singulière faveur de la
puissance divine.

Voions maintenant pourquoi les ligueurs ne le veulent reconnoistre, quelle couleur ils donnent à leur rébellion, et soubs quel prétexte ils lui ferment les portes de ses villes.

La première raison, c'est qu'il est hérétique.

On respond qu'il croit que la religion en laquelle il a esté nourri
est la vraïe et pure religion, laquelle se voit suivie aujourd'hui par la
plus grande partie de la chrestienté, et que, toutefois, il est prest de
la quitter, si on lui monstre par la sainte Ecriture qu'elle est faulse;
qu'il ne désire rien plus que d'estre mieus instruit, s'il a esté mal
enseigné, et d'estre remis au bon chemin, s'il se trouve en avoir esté
desvoié.

Qui tient cest langage et n'a pas accoutumé de mentir n'est point
hérétique. Le grand roi François voulut procéder de ceste manière
quand, en l'an 1553, il envoia le seigneur de Langey vers les princes
protestans d'Allemaigne, afin de luy amener quelques-uns de leurs
docteurs avec lesquels il peust conférer de certains points de la religion, et luy en fut envoié un bon nombre, entre lesquels estoit Mé-
lanchton.

Le roi Louis XIIe, après avoir veu une confession de foi qui luy fut
présentée au nom de ceux de Merindol et de Cabrières, en Provence,
lesquels faisoient profession de ceste religion dont il est question maintenant, dit tout hault qu'ils estoient meilleurs chrestiens que lui, ni
que ceux qui les persécutoient, et commanda qu'on les laissast en
paix. Aussi avoit-il ouy beaucoup de plaintes des abus de l'Eglise romaine, comme il appert, parce qu'il feit batre monnoïe d'or, laquelle
eut cours par son roïaume, où estoit escrit d'un costé : *Ludovicus XII,
d. g. Franc. rex, dux Mediol.*, et de l'autre costé : *Perdam Babylo-
nem*, qui estoit, en deux mots, condamner le siége de Romme comme
plein de toute confusion; et saint Hiérosme lui avoit appris à parler
ainsi, qui, au prologue du livre du Saint-Esprit et aux chapitres 14
et 47 sur Esaïe et ailleurs, appelle Romme Babylonne et la paillarde
vestue de pourpre qui est descrite en l'Apocalypse. Toutefois, les
ligueurs ne diront pas que, pour cela, ce bon roi et père du peuple
ait esté hérétique, ou s'ils le disent, c'est aux chefs de la Ligue à les
en desmentir, qui sont descendus de lui. Ils ne feront pas aussi ceste
injure à madame de Nemours, d'appeler hérétique madame Renée

de France, sa mère, et fille de ce mesme roi, que chascun sçait avoir vescu et estre morte en ceste religion.

Tertullian dit que le symbole est la reigle de la foi, et que nul qui le croit est hérétique. Le roi croit non-seulement tout ce qui est contenu au symbole, mais aussi tout ce qui a esté déterminé aux quatre premiers conciles généraux, où rien n'a esté oublié de la vraie doctrine chrestienne. Voire mais le pape Sixte l'a déclaré hérétique. Le pape, avec toute la puissance qu'il s'attribue, ne sçauroit faire d'un mensonge une vérité. Et voilà une belle raison, laquelle se peut tourner au contraire : le roi est hérétique, le pape l'a dit ; le pape est hérétique, le roi l'a dit !

Toutefois, ce n'est pas le roi qui l'a dit, il est trop modeste et trop retenu ; ce sont les canons des papes mesmes, qui chantent que les simoniaques sont les grands hérétiques et antechrists. La simonie des papes est claire comme le jour en plein midi. On vend, on achète, on troque les bénéfices publiquement, et en est la grande foire ouverte à Romme tous les jours. Ce n'est que trafic du ministère de l'Eglise : on vend les sacrements, et la sépulture mesme ne se donne aux trespassés sans argent. Qui ne sçait comment se font les papes et par quel huis ils entrent en l'Eglise ?

Nostre maistre Despence, fameux théologien et docteur de la Sorbonne, preschant la passion un jour de vendredi saint en l'église des Bernardins, à Paris, où assistait toute l'Université, quand il vint à ce passage : « Et la chambrière qui gardoit l'huis ouvrit à Pierre, » « Qui estoit, dit-il, ceste chambrière, et comment avoit-elle nom ? Pierre s'appelloit Simon : avoit-elle pas nom Simonne, veu qu'encores aujourd'hui celle qui ouvre l'huis à Pierre s'appelle Simonie ? »

Son dire estoit conforme à celui d'un saint abbé parlant au pape Eugène : « Qui me pourras-tu monstrer en toute ceste grande ville qui t'ait fait pape sans argent ou sans quelque espoir de récompense ? »

N'entrons point plus avant en ceste mer de vénalité des choses sacrées, et disons seulement avec saint Augustin que, quand le roi seroit hérétique, il seroit toutefois mal séant aux catholiques de l'appeler de ce nom.

Passons à une autre raison ; il est relaps.

Les Sabins, dit le vieil proverbe, songent (1) ce qu'ils veulent. Aussi font les ligueurs. Ils songent que le roi est hérétique, et, pour cela, incapable de la coronne. Ils songent encores qu'il est relaps.

Ce mot relaps, qu'ils ont si souvent à la bouche, fait pœur aux fem-

____

(1) *Songent*, rêvent.

mes et aux petits enfans. Parlons françois : qu'est-ce que relaps ? Les
canons des papes appellent ainsi celui qui est tombé de rechef en hérésie, dont il avoit jà esté prévenu et condamné, avoit abjuré sa
faute et en avoit esté purgé par l'évesque.

Pour estre recheu et retombé en erreur, il faudroit qu'il y feust
desjà tombé une fois, ce qu'il leur nie, et ce point est encore indécis.
Il faudroit qu'on lui eust fait son procès. Qui a esté l'accusateur ? Où
sont les preuves et tesmoins ? Qui l'a jugé et condamné ?

Ils diront qu'il a envoïé l'abjuration de son erreur au pape Grégoire (1), qui lui en donna l'absolution, et que, retombant en mesme
erreur, il est relaps.

Ceste prétendue abjuration, envoïée à Romme au nom du roi de
Navarre, se feit és sanglantes féries de la Sainct-Barthélemy, lors-
qu'il avoit le couteau à la gorge. La pœur de mort le força d'aller à la
messe et de reconnoistre le pape, auquel il n'y a ligueur si fidèle qui
ne le reniast, et la messe aussi, s'il se trouvoit en pareil danger de
sa vie.

Nous lisons à ce propos qu'Emmanuel, roi de Portugal, aïant osté
à un évesque le revenu de son bénéfice, il s'en plaignit au pape, qui
envoïa un légat vers le roi pour l'excommunier, et de faict il pro-
clama la sentence, puis se meit au retour. Le roi, tout courroucé,
monta à cheval et, l'aïant suivi, tira l'espée nue, le menaça de mort,
s'il ne lui donnoit l'absolution, ce que fit le légat ; et, estant de retour
à Romme, le conta au pape, qui l'en reprit et tança aigrement. A
donques, le légat, pour son excuse, lui respondit : « Père saint, si
vous eussiés esté au danger où je me suis veu, je m'assure que, pour
sauver vostre vie, vous eussiés donné à ce roi double, voire triple absolution ! »

Et quand il seroit relaps, ce qui n'est pas, l'Eglise pourtant ne lui
devroit estre fermée, quoique die le canon du pape Luces IIIe, qui est
plein d'iniquité, impiété et hérésie.

Il n'y a celui de messieurs les plus zélés qui ne soit relaps, puisque
le juste tombe sept fois le jour.

Saint Pierre, en peu d'heures, renia Dieu trois fois ; c'est bien pis
que d'estre relaps. Et, depuis, le mesme saint Pierre soustint une pro-
position erronée touchant la justification ; dirons-nous, comme bruit
le tonnerre de ce canon, que saint Pierre est desraciné de l'Eglise,

<hr>

(1) C'est sur la mort de ce pontife que Passerat a écrit cette épigramme :

« Au soleil des François ce pape consommé
Ainsi qu'un papillon autour d'une lumière,
Ayant par son papier le royaume allumé,
De pape est devenu papillotte legère. »   (Mss. *Dupuy*, 843, Bibl. Imp.)

déclaré indigne de réconciliation, jugé impénitent et incapable de réunion ?

En la primitive Eglise, on n'a jamais ouï ce nom de relaps, pour refuser pénitence et l'entrée de l'Eglise quand on confessoit son péché. Le pape Luces IIIᵉ a, le premier, trouvé ce nom et canonizé ceste erreur, comme il a, le premier, autorizé les bordeaux à Romme.

La quatriesme raison feroit rire les plus mélancholiques, laquelle dit qu'il est schismatique et qu'il tend à renverser l'état monarchique et la hiérarchie de l'Eglise.

D'où est venu le schisme en l'Eglise, sinon des abus de l'évesque de Romme ? N'est-ce pas cela qui a déchiré la robe de Jésus-Christ, paravant si belle et entière ? Demandés à ceux de Boesme, de la plus grande partie d'Allemaigne, de Suisse et de Poloigne, à toute l'Angleterre, Escosse, Dannemarch, Suède et autres peuples, qui leur a fait abandonner le pape; ils vous répondront tous d'une voix que ce ont esté ses abus, sa superstition, sa faulse doctrine et son insupportable tyrannie.

N'est-ce pas une imprudente absurdité d'accuser le roi du schisme advenu en l'Eglise longtemps auparavant qu'il fust né ? Mais quoi, les perturbateurs de la chrestienté accusent le roi des troubles d'icelle, comme jadis le loup la brebis de lui avoir troublé l'eau pendant qu'elle beuvait au bas du ruisseau, et lui en hault à la source de la fonteine.

Mais, qu'est-ce qu'ils entendent par ces beaux mots d'estat monarchique et de hiérarchie ? N'y auroit-il point trop d'une lettre en l'impression, et faudroit-il point lire l'état monachique ? (1) Certainement les rois et empereurs ne devroient guère aimer ce vénérable estat monachique, puisque de là est venu ce frère Clément jacopin, qui, proditoirement et sous ombre de piété et religion, a tué un roi de France; comme un du mesme estat et ordre, à l'instigation d'un pape aussi nommé Clément (Vᵉ), empoisonna un empereur, ayant mis le poison en la saincte hostie.

Tels actes abominables méritent-ils pas que les princes exterminent cette moinachie ennemie des monarques, forge et bouticque de cruels ministres et traistres empoisonneurs.

S'il n'y a point de faulte en l'impression, ils entendent la monarchie du pape, de laquelle nous allons parler.

Le pape se dit souverain évesque de tous les évesques, chef de l'E-

---

(1) Passerat était si peu partisan de la profession qu'il tourne ici en ridicule que, dans un de ses recueils de notes ou *Memento*, nous avons trouvé, au-dessus d'une liste où sont énumérés tous les ordres religieux, cette singulière suscription : « *Temps où furent créées toutes les moinachies.* »

glise universelle, et aïant commandement sur tous les rois de la terre.
Voions maintenant ce qu'il en est.

Durant la 3e session du concile de Trente, un jacopin siénois dist
en son sermon que deux chambrières avaient fait renier Jésus-Christ
à saint Pierre, dont l'une fut la chair et l'autre l'ambition mère des
hérétiques. Ceux qui se disent successeurs de saint Pierre ont confirmé
ce qu'escrivent les jurisconsultes des héritiers, qu'ils succèdent aux
vices du défunct; car les papes succèdent en cela à saint Pierre, que
par l'ambition ils ont renié Jésus-Christ comme lui, non pas trois fois,
mais une pour toutes, tellement, qu'ils semblent avoir accepté la condi-
tion offerte à Jésus-Christ par le diable, quand il lui dist : « Je te donne-
rai tous les roïaumes du monde, si, te prosternant à mes pieds, tu me
veux adorer. » Aussi celui qui a fait le livret du coronnement du pape
Grégoire XIV, parlant de ceste pompe plus que turquesque, use de
tels mots : « L'appareil estoit très magnifique et sumptueux, de manière que la richesse surpassoit toute créance »; le tout proprement
rapporté aux qualités du monarque des princes, c'est-à-dire en bon
françois du diable, lequel est appellé en l'Evangile le prince de ce
monde, ou bien, c'est-à-dire en italien, que le pape est Dieu, seul
roi des rois et seigneur des seigneurs, joint que les papes, en leurs
canons, n'ont point de honte de s'appeler Dieux; dont ne se doit-on
esmerveiller, si le vulgaire appelle le pape Dieu en terre, et tremble
de l'offenser, puisqu'il voit les princes, rois et empereurs lui baiser la
pantoufle et avoir crainte de ses horrifiques fulminations, par la ter-
reur desquelles il s'est fait plus grand que Juppiter mesmes et ses
frères ensemble; car, ne se contentant de commander au ciel, à la
mer, à la terre et aux enfers, pour estendre sa domination, il a trouvé
un nouveau et très opulent païs, situé au royaume de fadrie. C'est le
purgatoire, des mines duquel il tire dix fois plus d'or, d'argent et de
pierreries, sans mains mettre et sans péril de la navigation, que ne
fait le roi d'Espagne des mines du Pérou et de toutes ses Indes. Ceste
monarchie du pape n'est pas le roïaume de Jésus-Christ, ains la tyrannie de l'Antechrist sous le nom du pape.

Je ne sais quel Italien a escrit qu'un cardinal malade à la mort fut
enquis de son confesseur, s'il ne croioit pas et adoroit un seul Dieu ;
il respondit qu'ouï, mais que c'estoit le pape; car, d'autant que le
pape est Dieu en terre, dit-il, je l'ai mieux aimé adorer, pour ce qu'il
est visible, que non pas l'autre, qui est invisible, puisqu'il n'en fault
pas adorer deux. Ce confesseur lui remonstra que le pape n'estoit pas
Dieu, ains seulement réputé vicaire de Dieu. Le cardinal répliqua :
« Si le pape n'estoit que vicaire de Dieu en terre, il s'en suivroit que

le pape seroit moindre ici que Jésus-Christ. Or, veux-je bien que tu saches que si Jésus-Christ venoit visiblement à Romme, le pape ne le recevroit point, si premièrement il ne s'humilioit devant lui, voire ne lui baisoit la pantoufle. »

Toutefois, le pape Jules IIIe se contenta de s'appeler vicaire de Dieu, quand, s'estant fort courroucé à table, pource qu'on ne lui avoit pas gardé un paon du disner pour le manger froid à son soupper, et un cardinal lui aiant remonstré qu'il ne se devoit point tant cholérer pour si peu de chose, il lui respondit que si Dieu se courrouça tant à nostre premier père seulement pour une pomme, qu'il l'en chassa de paradis, il estoit permis à lui, qui estoit vicaire de Dieu, de se courroucer pour un paon, qui estoit bien autre chose qu'une pomme.

La cholère de ce mesme pape passa bien plus outre une autre fois, quand, ne voiant sur table son plat de porc dont on avoit accoutumé de le servir à chasque repas, et le demandant tout ombragé de courroux, son maistre d'hostel s'excusa sur le médecin, qui avoit ordonné qu'on ne lui en servist point, à cause qu'elle lui estoit contraire, il s'écria, en son langage : « Apporte-moi mon plat, en dépit de Dieu ! »

Laissons ces blasphèmes des papes, et retournons à leur humble qualité de serviteurs. Qui vouldra veoir comme le pape est serviteur, je ne dis pas des serviteurs de Dieu, mais de Dieu mesme, se mette devant les yeux le traitement qu'il lui fait à Romme, quand il le fait aller en procession sur quelque vieille hacquenée, et lui le suit assis pontificalement en une humble chaire portée par des hommes.

Auquel propos on raconte qu'un jour de Feste-Dieu, qu'on le proumenoit ainsi solemnellement à Romme, le pape Paul IIIe, voiant que la procession alloit trop lentement et quelquefois s'arrestoit, fasché de ceste longueur, envoia dire à ceux qui alloient devant avec Dieu que s'ils ne vouloient marcher autrement, ils lui feroient renier Christ.

C'est encore pis quand le pape va en quelque lieu hors de Romme ; car alors ce pauvre Dieu est envoié devant, sur quelque haridelle parmi le bagage, comme pour marquer les logis ; et quand le pape approche, il le fait revenir au-devant de lui, pour l'honneur et révérence qu'il lui porte. Qui ne l'a veu, lise ce qu'en a escrit feu Mont-luc, évesque de Valence.

Mais tout cela n'est rien auprès de ce que feit le pape Grégoire VIIe, quand, en la présence des cardinaux, il jeta Dieu au feu.

L'humilité du pape se connoist encores, en ce qu'il met la croix, enseigne des chrétiens et mémoire de nostre salut, sur sa pantoufle, ne la pouvant mettre plus bas, s'il ne la vouloit attacher à la se-

melle, pour marcher dessus par dévotion ; c'est ainsi que le pape
porte sa croix en ce monde, pour suivre Jésus-Christ.

Puisqu'ils se gouvernent de ceste façon envers Dieu, il ne se fault
pas esmerveiller de leurs insolences envers les princes, rois et empereurs à qui ils ont fait endurer mille indignités, et la majesté des-
quels ils ont quelquefois foulé aux pieds, voire de ceux mesmes à qui
ils devoient toute obeïssance.

Pour obtenir absolution de l'horrible excommuniement jetté contre
les Vénitiens par le pape Clément V^e, on dit que Dandulus, ou Dan-
dalus, leur duc, ou citoïen seulement, fut contraint de l'aller demander à quatre pattes le long de la chambre papale, aïant un collier au
col, comme un mastin, dont il acquit le surnom de Chien.

Grégoire VIIe tourmenta tant l'empereur Henri IVe, qu'il lui falut
venir d'Allemaigne avec sa femme, nuds-pieds et en pauvre habit,
jusques à la ville de Canunium, pour se faire absoudre, où encores il
fut longtemps rebuté de ce pape et ne put avoir accès à lui et absolution, que par le moïen de sa putain et à conditions bien dures.

Ils se sont fort dextrement aidés de ce baston d'excommunication,
et ceux qui en ont esté blessés ont bien cherrement acheté d'eux la
guérison de leurs plaies. Les papes Adrian IVe et Innocent IVe acqui-
rent et païèrent en ceste monnoie d'absolution les Deux-Siciles de
Guillaume-le-Normand et Frédéric IIe ; et le pape Innocent IIIe ne
donna autre argent à Jean-sans-Terre, quand il acheta de lui le droit
de confirmer les rois d'Angleterre, que toutefois une femme leur a
maintenant osté avec les deniers de Saint-Pierre, comme toute autre
autorité qu'ils prétendoient audit roïaume. Aussi l'ont-ils, à bon droit,
déclarée hérétique, voire hérésiarche ; car, selon leur jugement, il
n'est point de plus grande hérésie que de douter de la souveraine
puissance du pape : tesmoins un docteur sorboniste nommé Senalis,
évesque d'Avranches, ayant dit au concile de Trante que l'Eglise gallicane et la Sorbonne tenoient que le concile estoit par-dessus le pape,
il lui fut respondu par le cardinal Hosius : « *Tu es hæreticus, tu es hæreticus !* » Les cordeliers n'en furent pas quites jadis à si bon marché,
qui, en un chapitre général tenu à Pérouse, avaient fait une telle con-
clusion, que Jésus-Christ ni ses apostres n'avoient rien possédé de
propre en ce monde, ni n'avoient eu aucune domination temporelle.
Pour cela, ils furent premièrement déclarés hérétiques par le pape,
puis après, en divers lieux, plusieurs, tant hommes que femmes du
mesme ordre, furent bruslés tout vifs. Ostez-vous de là !

De quoi ne se sont-ils avisés, ces papes, pour confirmer leur monarchie ?

Après avoir falsifié l'Escriture, fait des canons à leur avantage et supposé d'autres, ils ont fait parler les rois et ont tiré tesmoignage des peintures. Car l'empereur Lothaire IIe, aïant remis le pape Innocent en son siége et s'estant fait coroner par lui en l'église de Latran, aussitost qu'il fut de retour en Allemaigne, le pape feit peindre en la mesme église la manière et cérémonie de ce couronnement, avec deux vers latins, dont voici le sens : « Le roi vient au portail de l'église après avoir juré honneur et révérence à la ville de Romme, puis il est fait vassal du pape, de qui il reçoit la couronne impériale. » Par cette belle raison, l'empereur seroit vassal de l'archevesque de Maïence, quand il le corone ; le roi, de l'archevesque de Rheims, et le roi d'Espaigne, de l'archevesque de Tolède, qui sont contes de la Cigoigne ! Quelque temps après, l'empereur Frédéric, voïant ceste peinture, se courrouça fort et ferme au pape Innocent IIe, qui promeit de la faire effacer ; mais il n'en feit rien, et par ainsi l'empereur est demeuré vassal du pape en peinture (1). Ceci me remet en mémoire l'argument d'un docteur de Sorbonne, par lequel, au colloque de Poissi, il vouloit prouver que l'usage des images est du temps des apostres. « Sainct Denis, dit-il, estoit du temps des apostres; or est l'église de Sainct-Benoist, ès verrières de laquelle y a des images fort anciennes faites du temps de sainct Denis : par quoi il s'ensuit qu'on usoit d'images du temps des apostres. » C'estoit bien argumenté, si un petit ministreau ne lui eust respondu ? « Monsieur nostre maistre, gardés que vostre argument ne tombe, de peur qu'il se casse ; car il est de verre. » On dit qu'un grand maigre, prédicant, adjousta que, par cest argument, celui-là au nom duquel fut bastie ceste église du temps des apostres avoit esté canonizé plusieurs centaines d'années avant qu'il fust né.

Saint Paul dit que Dieu est chef de l'Eglise, contre lequel passage ne sert de rien la distinction sophistique des scotistes, que Dieu en est le chef invisible, et le pape le chef visible ou ministériel. Ce seroit donc une chose monstrueuse que l'Eglise eût deux chefs, et ne seroit ceste erreur moins damnable que celle du canon *Quoniam*, où le pape appelle l'Eglise universelle son espouse, qui est l'espouse de Jésus-

(1) Les Indiens habitans de Zenu respondirent aux Espaignols qui leur disoient que le pape avoit donné ce païs au roi d'Espaigne : « Vraiment ce pape est un homme moult liberal, qui donne ainsi l'autrui, ou c'est un homme fort querelleux qui ne demande que debat et dissension. »　　　　(*Note de Passerat.*)
Les prétentions des papes ont eu aussi leurs partisans; Borellus, jurisconsulte espagnol dit : « Jésus-Christ est le maître de la terre et des vents; il a établi saint Pierre et ses successeurs pour ses vicaires, quant au spirituel et au temporel, sur la terre et sur les eaux. Donc, usant de son pouvoir, un pape a pu donner des terres aux Espagnols. »

Christ ; car, ne pouvant l'Eglise avoir deux espoux en mesme temps, il fauldroit que l'un en fust l'adultère.

Il adviendroit encore un grand inconvénient, si le pape en estoit le chef : c'est que l'Eglise universelle pourroit errer, qui est un blasphème intolérable, veu que les papes sont tombés souvent en très grandes erreurs : comme le pape Marcellin, qui sacrifia aux idoles ; Liberius, qui se feit arrien, et Célestin, nestorien ; Constantin IIe, qui se feit pape par argent et par force ; Jean VIIIe, qui fut femme et putain ; Sylvestre, qui fut nécromancien et se donna au diable pour estre pape ; Grégoire VIIe et Boniface VIIIe, qui furent comblés de tous vices ; et Jean XIIIe, qui fut hérétique. Ces exemples de l'erreur des papes et les vices énormes que nous lisons en leurs vies respondent assez d'eux-mesmes à ce que nos ligueurs disent, que Dieu ratifie au ciel ce que les papes font en terre.

Les commencements et avancements de la puissance temporelle des papes sont venus de la pure libéralité des rois de France, qui en ont esté et sont récompensés (1). Le reste qu'ils y ont adjousté sous divers prétextes a esté desrobé ou volé à l'Empire, tellement, que si le pape vouloit, selon le prétexte de Jésus-Christ, rendre à César ce qui est à César, et ce qui est à Dieu, le rendre aussi à Dieu, ceste double monarchie temporelle s'évanouiroit ; et le pape, d'un phœnix qu'il semble estre, deviendroit la corneille d'Esope ; s'accomplissant la prophétie du bon cordelier, frère Jean de Roquetaillade, lequel, en son livre intitulé : *Vade mecum in tribulationem*, a prédit que Dieu, par l'ambition et dissolution des prélats, fera retourner tous les biens des ecclésiastiques aux gens laïcs, et n'ordonnera sur son troupeau que des pasteurs pauvres et humbles, pour le gouverner sainctement et fidèlement.

Nous avons vu ce qu'on doit entendre par ces mots « Estat monarchique. »

Quant à la hiérarchie, nous voïons quels sont les anges et archanges de l'Eglise romaine, en laquelle, s'il y a beaucoup de séraphins encordelés et de gris plumage, il y a encores plus de chérubins.

Cinquiesme raison contre le roi de Navarre : il est excommunié par le pape.

Voici un des principaux articles du *credo* des ligueurs, et quicon-

(1) Le pape Léon ayant eu la nouvelle que les François avoient perdu Milan en mourut de joie. — Le pape Jules IIe donna pardon général et plénière absolution à quiconques tueroit un François. (*Note de Passerat.*)

que en doute, ils le tiennent pour hérétique ; toutefois, si nous piquons ceste vessie, il n'en sortira que du vent.

Tant s'en fault que le pape puisse excommunier le roi, que son pouvoir ne s'estend pas jusques au moindre qui soit en ce roïaume. Le pape n'a que veoir hors de son Eglise et diocèse, ainsi qu'escrit Irénée, évesque de Lyon, au pape Victor. Or, son Eglise et diocèse ne va pas plus loing que jusques aux limites des villes les plus prochaines de Romme. Il s'en fault doncques beaucoup que le pouvoir de l'Evesque de Romme passe les Alpes et vienne jusques en France.

Par ce que nous avons allégué, il est manifeste que le pape n'a peu excommunier le roi de Navarre ; monstrons encores qu'il ne l'a deu faire et que sa sentence est nulle : car comme suspect et ennemi, il n'a deu estre juge ; on sait qu'il estoit partisan du roi d'Espaigne et de la Ligue, comme aussi ennemi juré de ceux qui suivent la religion Réformée. Il a esté juge et partie en sa cause, et a condamné les autres d'un crime dont il est prévenu par ceux qui réprouvent sa doctrine, qui font les deux tiers de la chrestienté.

Voions leur septième raison : il meine et exerce vie cruelle et tyrannique.

Jadis, un certain philosophe mainteint que la neige estoit noire, d'autres que le ciel ne bougeoit et que la terre seule se mouvoit perpétuellement. Leurs opinions sont bien bizarres ; mais encore plus estranges sont les menteries des ligueurs.

Dieu éternel, où sommes-nous ! Ces barthélemistes qui ont rempli les rues des villes et fait regorger les rivières de corps morts, qui ont fait la chambre et le cabinet du roi de Navarre nager au sang de ses gentilshommes, qui encores aujourd'hui ne respirent que la guerre, le meurtre et la vastité de la France, lui reprochent l'effusion de sang et la bataille de Coutrats !

Qui sont ceux qui ont couppé le nez et les aureilles, arraché les yeux, mutilé et défiguré tout le corps d'une pauvre demoiselle, à Paris, laquelle avoit gaingné son procès contre un ligueur ? Est-ce pas lui et ses compaignons. ! Tout le monde a veu, deux jours durant, ce misérable spectacle au cimetière Saint-Innocent, et nulle justice ou poursuite n'en a esté faite (1).

Les ligueurs accusent le roi de quoi il ne voulut, à la bataille de Coutrats et ne veult encore, se laisser tuer, comme son prédécesseur, par leurs bedouins et assassins, vrais satellites du vieil de la montaigne, qui est le prestre et evesque du mont Vatican.

(1) Ceci advint le 16 may 1591. (*Note du Passerat*)

BIBLIOTHÈQUE NATIONALE — R. F.

Ils marmonnent je ne sçai quoi de violements commis ès monastéres des filles, et, en cela, ils sont mauvais archers, parce que, pensant tirer au roi, leur trait s'en écarte bien loin et va frapper un gros gros monsieur (1), de qui leurs prescheurs se moquent en pleine chaire et le comparent aux lers, lesquels se tiennent cachés et s'engraissent à dormir la moitié de l'année. Enquerés-vous de ceste affaire à dame Nicolle, qui vous pourra dire de quelle abbesse est jalouse la mère du petit bastard qu'elle nourrit.

Qui est-ce qui a saccagé tous les biens des religieuses de Sainct-Antoine-des-Champs, volé tous les ornements de leur église, violé, pollué et foulé aux pieds les choses sacrées, — à qui ceux qu'ils appellent hérétiques n'avoient voulu aucunement toucher, — sinon les ligueurs.

Estant ces raisons de neige toutes fondues aux premiers raïons de la vérité, qu'ont plus à dire les ligueurs contre le roi, si ce n'est : nous ne voulons point que celui-ci règne sur nous? Ainsi le faut-il croire, car il est escrit en l'Evangile. Mais le roi aussi pourra dire d'eux ce qui est au mesme passage de l'Evangile : « Amenés-moi ici mes ennemis, ceux qui n'ont pas voulu que je régnasse sur eux, et les mettés à mort devant moi ! » Amen.

———

II.

REMÈDES AUX INCONVÉNIENTS ALLÉGUÉS PAR LES LIGUEURS SUR L'APPROBATION DU ROI.

PREMIER INCONVÉNIENT.

Ce seroit approuver la contrariété en la religion.

R. La vraïe religion, qui est fondée sur la pure parole de Dieu, n'a aucune contrariété en soi, et la Ligue est contraire à la foi et à la religion.

IIe.

Il separeroit la France de l'Union de l'Eglise et la soustrairoit de l'o-beïssance deue au pape de tout droit divin et humain.

(1) *Un gros gros monsieur,* c'est le duc de Mayenne.

R. Si l'Union de l'Eglise est l'Union de la Ligue, il sépareroit voirement ceste Union. Quant au pape, il empescheroit qu'il n'eust ce qui lui appartient; mais il maintiendroit la liberté de l'Eglise gallicane, comme ont fait les rois ses prédécesseurs,

IIIe.

Il interdiroit la messe.

R. Les catholiques qui vivent sous son obeïssance vont à la messe tant qu'ils veulent; et il se dit trois fois plus de messes ès villes où ils demeurent qu'en celles de l'Union. Si en Béarn, à La Rochelle et ailleurs on ne dit point de messes, c'est faulte de catholiques messiers et de prestres martins.

IVe.

Les François seroient parjures.

R. Les ligueurs ne sont point françois, et le font bien paroistre; aussi ne deviendront-ils pas parjures, et le sont assés y a longtemps. Ainsi, ce ne leur seroit un inconvénient nouveau.

Ve.

Ils seroient compris en la sentence d'excommunication.
R. Cest article a déjà esté vuidé.

VIe.

Ils seroient traistres à Dieu et establiroient le règne de Satan.
R. Les ligueurs sont jà tombés en cest inconvénient et font de ce vice vertu, lequel ils ont appris en l'eschole des successeurs de Judas, qui estoit de la compaignie de Jésus; le nom aussi, et l'office de Satan, convient fort bien aux ligueurs qui sont adversaires des rois et ennemis de la paix.

VIIe.

Ils seroient damnés, et leur postérité en péril de devenir hérétique.
R. Dieu seul jugera les damnés, et un libre concile déclarera qui sont les vrais hérétiques.

VIIIe.

Ils seroient participans et coupables de tous les crimes et maux que commettroit le roi.

R. Ils sont jà si remplis de crimes, qu'à peine y en pourroit-on adjouster, le roi fera beaucoup de mal., s'il ne fait pendre et roüer tous ces larrons et brigands.

IXe.

Ils attireroient sur eux toutes les malédictions que Dieu envoïe à ceux qui mesprisent sa loi et induisent les autres à la violer.

R. O les grands observateurs de la loi de Dieu ! lequel de ses commandements gardez-vous? Dieu a dit : « Tu ne tueras point, tu ne déroberas point, tu aimeras ton prochain comme toi-mesme »; toutes vos actions sont-elles pas diamétralement contraires à cela?

X^e.

Ils auroient leur conscience en perpétuelle inquiétude.

R. Vous en parlez comme sçavants, et nous le verrons au quinziesme inconvénient.

XIe.

Ils seroient traistres à leur patrie, car ils la spolieroient du titre de très chrestien, le plus beau de tous.

R. Que d'absurdités en trois mots? Ils seroient traistres, car ils la despouilleroient, et la despouilleroient du titre de Très-Chrestien ! Qui a jamais dit la patrie Très-Chrestien? Et qui a donné ce titre à aultre qu'aux rois? Corrigez donc ainsi cest article : « Ils sont traistres à leur patrie qu'ils ont vendue et en partie livrée à ses anciens ennemis. Ils sont larrons et voleurs qui despouillent leurs concitoïens de leurs biens. Ils sont desloïaux et rebelles à leur roi Très-Chrestien. »

XIIe.

Ils enfraindroient la loi fondamentale du roiaume, par laquelle nul ne peult estre roi, s'il n'est catholique.

R. Les ligueurs ont trouvé ceste loi en leur cerveau : car ceux qui ont régné avant Clovis et n'estoient catholiques, laissoient-ils pour cela d'estre rois? On en peult dire autant des empereurs qui ont esté avant Constantin-le-Grand. Davantage ils supposent estre vrai ce qui est totalement faulx, que le roi ne soit pas catholique, veu que tous les points de la foi catholique sont compris aux symboles de Nicée et d'Athanaise et le roi ne doute d'un seul d'iceux.

XIII.

Cet article despend du précédent et n'est que redite.

XIVe.

Ils seroient coupables de desloïauté envers les autres catholiques de terre qui se sont ligués avec eux contre les hérétiques.

R. Qui sont ces catholiques de la terre avec lesquels se sont ligués ces nouveaux Ganelons. Sont-ce pas les Espaignols, catholiques depuis trois jours, et dont les rois qui portent ce tiltre sont descendus selon les histoires mesmes des Goths et Visigoths catholiques arriens.

XVe.

Les hérétiques se vengeroient de ce qui fut fait le jour sainct Barthélemy 1572 et jours en suivants à Paris et autres villes.

R. Voici où se rapporte ce qu'ils ont dit du 10e inconvénient de l'inquiétude de la conscience. C'est ici un de leurs vers qui ne meurt point et qui jour et nuit les pique. Ce remords de tant de sang innocent repandu et dès énormes et horribles crimes qu'ils ont depuis perpétués, les aiguillonne continuellement, et les rend furieux et insensés. La légion de diables que l'ire et vengeance divine a fait entrer en ces corps forcenés, ne cessera de les poursuivre jusques à ce qu'elle les ait conduits à très malheureuse fin, et qu'ils se soient eux-mesmes précipités en la mer et au gouffre des tourments pour jamais préparés à Caïn, à Judas et à leurs sectateurs.

XVIe.

On feroit une persécution générale des catholiques sous le tiltre de la Ligue, laquelle les hérétiques ont autant à contre-cœur que Lucifer celle de saint Michel premier ligueur et chef de ceux qui se liguent pour la défense de l'honneur de Dieu.

R. Voici encore un gros bobo et un ulcère où ils ne se peuvent tenir de porter la main, à sçavoir la frayeur du supplice qu'ils sentent avoir mérité, laquelle ne laisse jamais en repos les meschants. Dieu qui permeit à Caïphe de prophétizer veuille aussi permettre que ce qu'ils prédisent leur advienne et qu'entre tant de mensonges les ligueurs aient dit une vérité.

XVIIe.

Les François dégénéreroient de la vertu de leurs ancestres s'ils ne faisoient guerre mortelle aux hérétiques.

R. J'ai déjà dit qu'il faut décider par un concile libre qui sont les hérétiques, et lors j'espère que les ligueurs se trouveront de ce nombre.

Il y a beaucoup d'autres inconvénients dont ils ne se sont pas souvenus ou ne les ont osé dire, comme sont ceux-ci.

Il leur fauldroit obéir aux loix dont ils sont ennemis et vivre sous la police qu'ils haïssent tant, que quand ils veulent diré une grosse injure à un homme ils l'appellent politique ; de façon que si les maistres és arts n'y donnent ordre, ils feront quelque jour deffendre les *Politiques* d'Aristote et à un besoin les *Ethiques,* puisqu'il ne s'en fault qu'une syllabe que ce ne sóient hérétiques.

Il fauldroit qu'ils vinssent à compte, paiassent leurs debtes, rendissent les biens et les estats à qui ils les ont osté, rebatissent les édifices qu'ils ont démolis.

Il fauldroit que les banqueroutiers portassent des bonnets verds, selon l'arrest de la cour, que les moines deffroqués retournassent à leurs couvents, les sires Pierres à leurs boutiques, les procureurs et clercs à leurs sacs et escritoires, les couturiers à leurs aiguilles.

Il fauldroit que les ecclésiastiques résidassent, que leur vie et leurs abus fussent réformés et que le revenu de leurs bénéfices fust distribué et emploïé selon les ordonnances et les canons.

Les jésuites espions des Espagnols et sangsues des bonnes familles seroient contraints de rendre gorge, vuidant leurs bourses pleines de rapines et le roïaume, aussi bien ont-ils esté institué contre le concile de Lyon, par lequel il fut deffendu de faire plus aucun nouvel ordre.

Les prescheurs seroient réduits à prescher l'Evangile selon les ordonnances qui leur seroit chose fort nouvelle et bien malaisée d'annoncer la vérité et la parole de Dieu au lieu de conter mille menteries et de dire mille injures empruntées des harangères et tripières contre le roi et la noblesse, desquelles ils font le commencement, le milieu et la fin de leurs sermons.

Que de vigueur dans ces deux écrits! Que de haine pour les ennemis de la France et du roi! Pour ceux qui persistant dans des opinions abandonmées par « ceux de Boesme, de la plus grande partie d'Allemaigne, de Suisse, de Poloigne, d'Angleterre, Ecosse, Dannemarch, Suède, etc. » fournissent chaque jour de nouveaux aliments à la guerre civile. Toutefois si nous ne mettions sur ces feuillets la date de leur rédaction, nous regretterions la violence qui y éclate souvent; mais comment reprocher sans injustice à l'homme d'armes le sang qui souille ses mains au milieu du combat, comment blâmer dans Passerat l'entraînement d'un sectaire, en 1592, au plus fort d'une lutte à laquelle il prenait une large part : plaignons-le seulement, et reportons nos yeux sur une image de paix qui fera contraste à ce triste tableau.

Cette pièce de vers, d'une piété exquise, que nous extrayons de ses œuvres imprimées, nous le fait voir tel qu'il était, bon chrétien sans hypocrisie comme sans superstition.

Le Crucifix parle au pécheur.

Du plus hault ciel pour toy j'ay descendu,
Où je régnois, Fils égal à mon Père :
J'ay enduré tout mal et vitupère,
M'estant pour l'homme, homme mortel rendu.
J'ay de mon gré, vie et sang respandu,
Pour délivrer ton âme prisonnière :
Je me suis veu, pour ta faute première,
Entre larrons comme un larron pendu.
Cœur endurci que j'ay seul destaché
A si grand priz des liens de péché :
Veux-tu rentrer en mesme servitude?
A tout le moins si en ton Dieu tu crois,
Lève tes yeux, pour voir en ceste croix
Et ma bonté et ton ingratitude.

Un dernier mot résumera notre opinion sur Passerat, il est extrait de l'historien de Thou : « C'était, dit-il, un homme de bon nez et de bon sens. » Ah! que n'en peut-on dire autant de tous les Français du XVIe siècle, qui en adoptant, d'un commun accord, les saines doctrines apportées par les réformateurs religieux nous eussent donné, pour bien des siècles, la tranquillité politique à laquelle nous aspirons encore.

PARIS. — IMPRIMERIE DE CH. MEYRUEIS ET Cᵉ

Rue Saint-Benoît, 7. — 1856.

www.ingramcontent.com/pod-product-compliance
Lightning Source LLC
Chambersburg PA
CBHW051202050726
47594CB00007B/3024